.K 503.

AF263459

Moyen de remplacer les planches d'assignats par des moulins à minérai.

Réflexion politique sur l'île St. Domingue.

Observations minéralogiques dans cette île.

PAR HENRY.

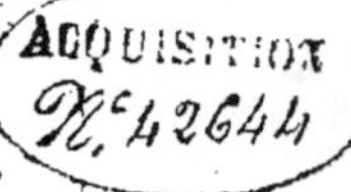
ACQUISITION
N.º 42644

La cession que l'Espagne vient de faire à la France, de la partie de l'île de Saint-Domingue qu'elle occupait, doit offrir à la République les moyens de l'enrichir, ainsi que quatre grandes opérations à traiter.

1°. La division politique du terrain, je dis politique, parce qu'il ne suffit pas de partager par des formes régulières les départemens en cantons qu'on voudra y former. La quantité de déserts qui couvre cette partie, la difficulté de trouver un blanc, dans cinquante lieues d'étendue, doivent décider le gouvernement à prendre une marche différente de celle qui a fixé les départemens et les cantons de la France.

2°. Déterminer les différens genres de cultures qu'il sera nécessaire de fixer à chaque

12
LK 503

canton ; fondre, le plus que l'on pourra, les peuplades espagnoles avec les françaises, les rendre respectivement sujettes les unes des autres, de manière que les deux intérêts ne fassent plus qu'un, afin que se prêtant des secours, elles sentent la nécessité de l'union, et arrivent par-là au *maximum* de prospérité que les diverses qualités du sol peuvent promettre.

3°. Assigner les territoires qui devront rester sous l'entière dépendance de la République, soit pour l'exploitation des mines, soit pour la conservation des bois et la confection des chemins et des canaux.

4°. Fixer les lieux où l'on établira les autorités de gouvernement, d'administration, de justice, de manière que la colonie soit sans cesse sous l'autorité légitime de la métropole.

On n'a pas besoin, sans doute, de déterminer les raisons qui doivent porter les législateurs à faire ces diverses opérations, avant même de rendre aucun décret tendant à organiser l'intérieur de Saint-Domingue ; car il vaut mieux encore que cette colonie, qui est destinée à faire partie du grand tout, soit sans aucune liaison dans son intérieur, plutôt que d'en avoir qui ne s'accordassent pas avec les vues générales qui doivent embrasser l'ensemble.

Pour arriver à cette fin, il ne suffit pas d'avoir

des connaissances géographiques, telles que les cartes ordinaires peuvent le procurer, il faut encore avoir des renseignemens certains sur le caractère des habitans, leurs usages, leurs mœurs, et cela canton par canton; sur les qualités des terres, les moyens et les ressources qu'on peut en tirer de l'art et de la nature, pour les fertiliser et transporter leurs productions; sur la nature des montagnes, afin de déterminer celles qui sont propres aux savanes, (a) aux caféyères, aux bois ou à l'exploitation des mines; enfin, sur les anciennes traditions du pays, objet majeur que l'histoire ne saurait transmettre, à cause des précautions que les espagnols ont prises par jalousie contre les français, et dont on ne peut, par conséquent, avoir connaissance qu'après avoir vécu dans l'intimité avec les naturels du pays.

Comme je n'ai pas cru devoir marcher sur les traces de ceux qui préfèrent leur cabinet aux voyages, la théorie à la pratique, la critique aux observations, mon but, dans le cours de mes différens voyages, a été d'acquérir des connaissances certaines, à l'effet d'en faire part à ma patrie. Le succès a répondu à mon attente; c'est pourquoi je saisis, avec empressement, l'occasion de lui soumettre des observations minéralogiques faites dans le continent de l'Amérique pendant seize années, sur-tout dans la partie espagnole de Saint-Domingue qui a été le théâtre des premières guerres du nouveau monde.

Avant d'entrer en matière, je crois devoir rappeler, au souvenir des personnes instruites, les démarches que Colomb fit pour découvrir et s'assurer la possession des mines d'or dont la porte a été fermée depuis environ trois siècles.

Christoph, à son premier voyage, mouilla à l'embouchure de la rivière de Mont-Christ dans l'île espagnole aujourd'hui St. Domingue, et donna le nom de *Rio del oro* à ce fleuve, à cause de la grande quantité de paillettes d'or qu'il roulait avec ses eaux. A son second voyage, il mouilla au port de la Isabelle, aujourd'hui port Cavaille, où l'on y voit encore les ruines du fort qu'il fit construire. Delà il envoya *Ojeda*, un de ses capitaines, à la découverte des mines d'or si renommées dans l'île. Celui-ci, après avoir traversé une chaîne de montagnes, au sommet de laquelle on y voit une fontaine qui porte le nom de Colomb, descendit dans une plaine arrosée par la rivière à qui Christoph avait donné le nom de *Rio del oro*, c'est-à-dire rivière d'or. Après l'avoir traversé, il arriva à celle de *Bao*, où il rencontra un sable pour ainsi dire tout couvert de poudre d'or. Après en avoir ramassé et pris des renseignemens sur les lieux, il regagna le port de la Isabelle, où étant, il raconta ce qu'il avait vu, remit à Colomb la poudre aurifère, lui disant que Caonabo était possesseur des mines les plus riches du monde entier. A ce récit, l'amiral le renvoya, avec une cloche et une faible escorte, à l'effet de se rendre maître de la personne du cacique, par des ruses qui lui étaient inconnues. Ce prince, qui ne se méfiait pas des castillans, qui ne croyait point que des hommes fussent capables de faire mouvoir aucun ressort qui approchât de la perfidie, donna dans le piége, et sa trop grande confiance fut l'instrument de sa servitude et de sa mort. Colomb qui voulut, par lui-même, voir ce qu'il en était, prit le chemin de Cibao. Arrivé à la rivière de Bao, il trouva que la vérité avait été respectée dans le récit qui lui en avait été fait. Les grains et les paillettes d'or augmentaient à mesure qu'il remontait ce fleuve. Parvenu à l'entrée des mines, il fit construire un fort auquel il donna le nom de Saint-Thomas, et revint à Isabelle avec une grande quantité de lingots. Après cette précieuse découverte, Colomb écrivit en Espagne que dans trois ans il augmenterait les revenus de la couronne de soixante millions. Quelques temps après l'amiral reçut des feren échange de l'or qu'il avait envoyé à Ferdinand; Bovadilla, son successeur, fut celui qui fut chargé de lui remettre un tel présent. C'est ainsi que les rois récompensent le mérite. On se rappelle que la flotte qui portait cet indigne successeur, était chargée des lingots que les Colombs avaient amassés; qu'une tempête survenue, à la vue de l'île, fit disparaître des plaines de l'océan vingt-un navires. On se rappelle, dis-je, que les troubles, les divisions survenus dès-lors, et le voisinage des français, engagèrent le gouvernement espagnol à fermer la porte des mines.

Après avoir consulté l'histoire, consultons actuellement la nature des lieux; voyons si un souffle impur a terni le miroir de la vérité.

Obſervations minéralogiques faites en 1781 *et* 1782.

Après avoir remonté la rivière de Mont-Christ, appelée par Colomb *Rio del oro*, depuis son embouchure jusqu'à la nouvelle ville de Saint-Yago, éloignée de vingt lieues de la mer à l'ouest, je dirigeai ma route au sud. Après avoir traversé un désert de quatre lieues, j'arrivai à l'embouchure de la fameuse rivière de Bao. Le premier objet qui frappa mes regards, fut un rocher couvert de pétrifications et de fossiles marins. Je jétai ensuite les yeux sur la carte qui représente l'île de S. Domingue ; je fus fort surpris de voir qu'elle ne marquait point la jonction de la rivière de Yaque avec celle de Bao ; cette dernière peut, sans exagération, passer pour la plus riche de l'Amérique, si l'on considère les parties métalliques qu'elle entraîne avec ses eaux. Le sable aurifère qui s'offrit à ma vue me fit d'abord naître l'idée que les mines de Cibao n'étaient point une fiction. Je suis assuré que la rivière de Yaque contient des trésors immenses, depuis la jonction des deux rivières jusqu'à sa source qui en est éloignée de deux lieues. Les renseignemens certains que j'ai pris sur les lieux ne me permettent point de les révoquer en doute. Une table d'or massif, un grande quantité de métaux non orfèvris, telles sont le[s] richesses qui y ont été jétées par les parens de Caonabo après ses malheurs, et cela pour les soustraire à la rapacité espagnole.

Un empereur eut bien la curiosité de faire retirer du Danube un des piliers du pont de Trajan construit sur ce fleuve depuis quinze cents ans. Pourquoi la France n'aurait-elle pas celle de retirer d'une petite rivière, pour mieux dire d'un petit ruisseau, tant de richesses perdues pour la société ?

Dans les environ de cette jonction, on y

voit quelquefois des orpailleurs qui, avec des plats de bois dont l'intérieur est sillonné, lavent le sable pour en tirer la substance métallique, appelé or paléole (*b*), ainsi que quelques plongeurs aller chercher des grains de la grosseur d'un pois que nous appelons de l'or pépite (*c*), à titre de vingt karats (*d*). Un naturel du pays, âgé de quatre-vingts ans, allié du prince Manicatex qui mourut au fameux combat de la Vega, me montra dix-sept livres de poudre d'or amassée, dit-il, en s'amusant dans l'espace de trois années. Cet homme m'a donné plus de renseignemens sur ce que je désirais savoir que tous les historiens espagnols et français. Des explosions, continua-t-il, se font entendre dans la partie des mines tous les trois ou quatre ans. Ces explosions, lui dis-je, ne proviennent que de la décomposition des pyrites (*e*), qui n'est causée que par l'humidité des eaux qui altèrent ces mixtes. Avant de m'éloigner de la jonction des deux rivières, j'en pesai les eaux; je trouvai que celles de Bao étaient plus légères, plus claires, plus apéritives, plus chaudes d'un degré que celles de Yaque.

Les morceaux de pierre couverts de grains jaunes, auxquels je faisais recevoir la vapeur du mercure, me faisaient connaître qu'ils étaient couverts de parties métalliques; la poudre au-

rifère qui augmentait sous mes pas à mesure
que je remontais Bao, rappelèrent à mon esprit
les pays del Dorado de Voltaire. Les tas de
pierre en forme pyramidale que je rencontrais
dans les bois, me firent croire qu'ils avoient
servi de mémoriaux aux anciens habitans. La
bonté du sol diminuait à fur et mesure que je
m'éloignais de son embouchure ; des savanes
couvertes de sensitive, appelée *mortvivi* par les
espagnols, dont le fond était un sable aurifère,
semblaient m'annoncer le voisinage des mines.
- Arrivé enfin à quatre lieues de son embouchure, à travers des déserts qui n'avaient
d'autres habitans que des perroquets et des ci-
gales, je trouvai plusieurs cavernes remplies
d'os de morts, plusieurs montagnes stériles,
dont le sol était rougeâtre, m'offrant des exca-
vations qui me parurent l'ouvrage de l'art. Les
ayant visité avec exactitude, je trouvai que les
fentes des rochers étaient garnies de guhr, (*f*)
qui décélait des sillons métalliques, exhalant des
vapeurs souterraines, annonçant des lieux
remplis de météores ignés, de vapeurs subtiles
et sulphureuses ; des eaux thermales, (*g*)
simples, chaudes de deux degrés de plus qu'à
son embouchure ; un morceau de minérai de la
grosseur d'un œuf de dinde, qui me donna six
gros d'or natif ou vierge, ne me laissèrent aucun
doute sur l'existence des minières d'or.

Sur l'amphithéâtre de montagnes entrecoupées de vallons, que ces lieux représentaient, planait l'ombre de Coanabo, qui paraissait vouloir me dire : Tu es le premier Français qui parais sur les domaines qui m'ont appartenu autrefois ; viens-tu ici venger la mort de tant de victimes immolées à l'ambition des Castillans ? Proméne tes regards sur ces noirs rochers qui dégouttent du sang innocent, versé par un fer assassin ; tu y découvriras les sombres retraites qui renferment les cendres de ma chaste épouse, de mes parens et de mes amis. Fouille dans les entrailles de la terre, où la nature parait expirante, tu y trouveras les trésors que je garde depuis environ trois siècles ; c'était moi qui fournissais à toutes les îles voisines le métal dont ses habitans avaient besoin. Que la crainte de voir tes travaux infructueux se dissipe à la vue de ce fleuve et des signes caractéristiques des minières les plus abondantes de toute l'Amérique !

En effet les morceaux de minérai, que j'ai vu, ne me laissent aucun doute sur l'abondance de métal et des richesses qui y sont renfermées ; l'expérience est mon juge. J'ai vu au Pérou des mines, qui passaient pour abondantes et riches, où il fallait vingt-cinq quintaux de minérai pour avoir deux à trois onces d'or ; si un morceau d'environ une livre et demie rend six gros, combien, à plus forte raison, vingt-cinq quintaux rendront-ils de marcs? Quoique les mines d'or soient de tous les métalliques les plus inégales, nous pouvons croire que celles, dont je propose l'exploitation, sont suffisamment garnies de parties métalliques pour dédommager au centuple l'ouvrier qui oserait les attaquer, à en juger par les apparences. Ici on peut dire :

Audaces fortuna juvat, timidos que repellit.

Combien de millions et de milliarts l'Espagne n'a-t-elle déjà pas retiré de la mise de quatre-vingt mille livres pour l'armement de la flotte de Colomb! Combien de millions la France retirerait-elle des minières de Saint-Domingue, si elles étaient fidèlement exploitées? Un déboursé de cent cinquante mille livres en numéraire pourrait-il offrir des obstacles à son exploitation? C'est ce qu'on est éloigné de penser. N'est-il pas tems de remplacer les planches d'assignats par des moulins à minérai? (*h*) C'est donc aux législateurs, dépositaires de la clef des mines, à qui le soin d'en faire l'ouverture est réservé.

Un seul *dixit* ou *dixerunt* suffit pour enrichir la République Française. Tel est le vœu sans doute de tous ses habitans, qui ne soupirent qu'après le *facta fuit* ou *facta funt.*

HENRY.

NOTES.

(*a*) Prairies naturelles.

(*b*) Or de lavage de la troisième espèce.

(*c*) On appèle or pépite l'or le moins bon.

(*d*) Les orfévres désignent la pureté de l'or par le mot karat. Un karat est la vingt-quatrième partie du titre de l'or. L'or pur est nommé or à vingt-quatre karats; le karat est un scrupule; le scrupule est vingt-quatre grains, ou le tiers d'un gros.

(*e*) Les pyrites sont des substances composées par la nature, minéralisées, plus ou moins compactes, pesantes et crystalisées, formant souvent des veines très-profondes et immenses, se trouvant communément avec les mines. Il y en a qui contiennent ou du vitriol, ou du soufre, ou de l'arsenic, ou une substance vraiment métallique, mélangée avec de la terre ou de la pierre. J'ai reconnu dans plusieurs mines du Mexique, sous la même latitude que celles-ci, c'est-à-dire, à trois degrés et demi du tropique, et au Pérou près Quito, que la pyrite

était la vraie cause du feu souterrain, l'origine
de la chaleur des eaux thermales et des trem-
blemens de terre.

(*f*) Le guhr est une matière minérale,
molle, découlant dans les fentes des rochers et
dans les galeries des mines, paraissant être une
décomposition de minéraux, indiquant les fillons
métalliques.

(*g*) Les eaux thermales sont des eaux qui
paraissent pures, à l'exception d'une substance
éthérée, légères et spiritueuses, échauffées par
des matières pyriteuses.

(*h*) Les moulins à minérai sont faits à-peu-
près comme nos moulins à faire le cidre, écrasant
les pierres des mines qu'on appèle minérai,
où l'on jette du mercure qui s'attache à l'or que
la meule sépare de la pierre qu'elle moud ;
pendant ce tems, on fait tomber dans l'auge
circulaire un fil d'eau, conduite avec rapidité
par un petit canal, pour en délayer les corps
étrangers qu'elle entraîne dehors par un trou fait

exprès; l'or, incorporé avec le mercure, tombé au fond et y demeure retenu par sa pésanteur. On peut moudre 25 quintaux de minérai par jour. Quand on a cessé de moudre cette pâte d'or et de mercure, qu'on trouve au fond de l'endroit le plus creux de l'auge, on la met dans la toile pour en exprimer le mercure; puis on la fait chauffer pour faire évaporer ce qui en reste; c'est ce qu'on appéle de l'or en pigne. On fond ensuite la pigne pour dégager l'or du mercure dont il est imprégné; alors on en connaît le juste poids et le véritable aloi. Une année d'existence est le terme que la nature accorde aux criminels condamnés aux travaux des mines.

———

A VESOUL,

De l'Imprimerie de J. B. POIRSON, Imprimeur du Département de la Haute-Saône.

www.ingramcontent.com/pod-product-compliance
Lightning Source LLC
Chambersburg PA
CBHW050710070726
47597CB00010B/4386